APPEL

DE LA POLOGNE

A LA FRANCE

PAR

UN POLONAIS

PARIS

IMPRIMERIE DE E. MARTINET
RUE MIGNON, 2

1863

APPEL

DE LA POLOGNE

A LA FRANCE

PAR

UN POLONAIS

PARIS

IMPRIMERIE DE E. MARTINET

RUE MIGNON, 2

1863

APPEL

DE LA POLOGNE

A LA FRANCE

Wilna, 1er mai 1863.

Ce ne sont pas des plaintes que nous adressons à la France, ce sont des avertissements sévères et rigoureux. C'est à sa haute raison politique et sociale, c'est à son intelligence des lois qui régissent les destinées humaines, ce n'est pas à son cœur que nous voulons maintenant parler. Tout a été dit sur les liens de fraternité qui nous unissent à elle : nous ne venons pas lui rappeler encore une fois tant de combats soutenus à ses côtés; de nouvelles blessures ont effacé sur nos poitrines les cicatrices d'Iéna, de Champeaubert et de Leipsick, et quand nous versons encore notre sang pour elle, nous rougirions de lui demander des larmes.

Oui, nous combattons pour elle, car nous combattons

pour la justice et pour l'humanité. Nous combattons pour le progrès qu'elle représente à la tête des nations. Nous combattons contre la négation brutale de tout ce que la France affirme à la face du monde, et nous croyons toujours en elle, parce que, *malgré les lenteurs forcées peut-être de sa politique,* son génie ne saurait l'abandonner. Nous croyons en elle parce que nous croyons à la civilisation, et nous croyons à la civilisation parce que nous croyons en Dieu.

Non, nous ne cesserons pas d'espérer en cette nation qui sait associer la croix d'honneur et la croix du martyre, qui donne l'ordre pour base à la liberté et qui sanctionne l'alliance du droit et du devoir. La France c'est le progrès armé ; elle n'est rien si elle n'est pas la lumière, et par conséquent la justice du monde. Elle est parce qu'elle doit être le messie que nous attendons. Nous sommes forts de son alliance morale jusque sous les coups de la barbarie qui nous écrase ; et ceux qui tombent dans nos rangs, comme s'ils ne pouvaient pas complétement mourir avant d'avoir vu le jour de la justice, étreignent convulsivement leurs armes et dorment du dernier sommeil en étendant encore une main vers la France !

Mais la France aussi semble dormir. Quand donc se réveillera-t-elle ? N'entend-elle pas le canon russe qui abat une à une ses sentinelles avancées ? Depuis quatre mois d'une lutte surhumaine la Pologne repousse et soutient la pierre immense du tombeau sous lequel on veut l'étouffer. Attendrez-vous que la pierre retombe pour écrire dessus : *ici est la Pologne*, comme si elle avait besoin de vous pour conquérir au moins l'indépendance de la mort!

Nous avons attendu, nous avons bien longuement et bien douloureusement attendu. La Russie pendant ce temps poursuivait, elle aussi, avec patience son œuvre de destruction. Notre guerre actuelle, vous le savez bien, n'est pas une révolte contre une autorité; c'est un dernier effort de défense désespérée contre un continuel attentat. On a écartelé la Pologne, puis on l'a saignée au cœur. Le recrutement a servi de prétexte à l'exil. Où les hommes ont manqué on a pris les enfants. Oui, des enfants! des enfants de huit à dix ans, parce qu'ils étaient Polonais, étaient arrachés à leurs mères qui ne devaient jamais les revoir. C'était une réalité affreuse donnée à ces récits bibliques qu'on voudrait prendre pour des exagérations antiques ou pour de pieuses allégories, les enfants hébreux noyés par l'ordre de Pharaon, les innocents massacrés par Hérode. Ici seulement l'histoire est plus épouvantable que la légende. Tuer des enfants est quelque chose de moins barbare que de les laisser mourir au hasard dans l'épouvante de leur abandon et dans les angoisses de leur solitude au milieu d'un peuple étranger. Les enfants des juifs étaient baptisés de force, les enfants catholiques étaient incorporés à l'Église moscovite, avant d'aller mourir de fatigue et de misère sur les grands chemins ou sur les vaisseaux de l'État. Un ancien maréchal de district nous racontait en frémissant encore qu'il avait vu expirer de douleur une pauvre mère israélite polonaise qui redemandait inutilement son fils. De la Pologne tout entière s'élevait le cri déchirant de la nature outragée, et l'Europe, sourde à ces pleurs d'enfants et de femmes, assistait à ce spectacle, oisive et muette! Et dans toutes les nations de l'Europe pourtant il y avait des enfants et des mères!

Aux attentats contre la famille se joignaient d'autres attentats contre l'inviolabilité de la conscience humaine.

Pour détruire notre patrie il fallait d'abord renverser nos autels, et les persécutions religieuses qu'on nous a fait souffrir semblent, lorsqu'on les raconte dans leur épouvantable réalité, être des histoires de l'ancien monde. Le martyre de la mère Mackrina et de ses compagnes a été connu de tout le monde civilisé, et la vérité a paru tellement invraisemblable que la presse moscovite a pu lui opposer avec quelque succès ses impudentes dénégations.

Tel a été pour nous le règne de Nicolas, et nous devions espérer mieux de son successeur.

On pouvait tout nous prendre, excepté notre foi, excepté notre confiance en Dieu, excepté notre patience et nos prières.

Cette foi on l'a proscrite. Cette confiance on l'a trouvée séditieuse. Ces prières on nous en a fait des crimes, et le xixᵉ siècle a vu ce sublime et abominable spec-

tacle d'un peuple désarmé qui prie et qu'on égorge.
On poursuivait et l'on sabrait jusque dans les églises les
prières, les chants et les larmes. Les femmes et les enfants
présentaient leur poitrine aux lances des cosaques. La
foule en prière serrait ses rangs et remplissait la place des
morts, le peuple était à genoux dans le sang et mourait
sans proférer une plainte. Il mourait, mais il léguait à
ses enfants une patrie. Il mourait, mais il savait que le
fer des Césars s'ébrèche sur la poitrine nue des martyrs.
Lorsqu'il s'agit de justice en effet, les plus forts ne sont pas
ceux qui oppriment et qui tuent ; les plus forts sont ceux
qui protestent paisiblement et qui meurent.

Est-ce que le bon droit peut mourir? Est-ce qu'on sup-
prime un principe comme on peut supprimer un homme?
Un crime commis contre la vérité est une force de plus
donnée à la vérité. C'est être faible que d'avoir tort, et
en multipliant ses torts on multiplie aussi ses faiblesses.

Mais cette boucherie des agneaux était trop lente, il
fallait réveiller les lions pour avoir un prétexte de guerre
et pour en arriver aux grands moyens d'extermination.
Wielopolski fut chargé de cette œuvre. Laissons cet
homme dans l'ombre. Qu'il ait poussé jusqu'à la démence
les rancunes orgueilleuses d'un patriotisme aigri, ou qu'il
ait mis son ambition déçue au service de nos bourreaux,
l'histoire le jugera et Dieu plus sûrement que l'histoire.
Mais arrivèrent ces visites domiciliaires, ces enlèvements
nocturnes de notre jeunesse, ces attentats aggravés par

l'ironie et le mensonge, qui nous ont fait comprendre que
la Russie voulait en finir, et nous avons été forcés de dire
aussi : Finissons-en ! Il s'agit donc maintenant pour nous
d'être ou de ne pas être. La Russie ne nous gouverne pas,
elle nous détruit. Notre insurrection encore une fois n'est
pas une révolte ; c'est la convulsion suprême d'une lente
agonie.

Qu'importe notre agonie à la France, et pourquoi tour-
nons-nous les yeux vers elle avec la certitude qu'elle vien-
dra, avec la crainte seulement qu'elle ne vienne trop tard ?
C'est que la France, nous l'avons déjà dit, représente la
justice en Europe. C'est que notre cause est la sienne,
car nous sommes les représentants du droit sacré et
inviolable des nations ; c'est son esprit, ce sont ses inspi-
rations, c'est sa vie qu'on veut anéantir en nous. Comme
elle, nous sommes catholiques, et comme elle aussi nous
sommes les ennemis déclarés de l'oppression des cons-
ciences. Pourquoi la société s'émeut-elle lorsqu'un
homme est assassiné ? C'est qu'un seul meurtre impuni
menacerait l'existence de tous. La France a proclamé les
droits de l'homme en s'imposant et en imposant à tous
le devoir de les mériter et de les défendre. Puis c'est elle
encore qui a proclamé le droit des nations. Ne lui ôtons
pas cette gloire qui est la sienne. La France l'a payée de
son sang, et nous croyons que pour le maintien de cette
gloire tout son sang est prêt à couler encore. La France
est le pays du droit qui s'appuie toujours sur le devoir. C'est

la grande justicière du monde, et elle a mérité d'être reconnue pour l'arbitre des nations.

A une époque de grand deuil pour notre patrie, une voix malheureusement illustre et qui cessa ce jour-là d'être française, fit entendre cette parole fatale : L'ordre règne à Varsovie. Cette parole indigna la France. Car la France sait bien qu'où la justice ne règne pas, c'est le désordre qui doit régner. La France n'avait pas voulu pour elle-même d'un ordre imposé par les baïonnettes étrangères, et elle n'acceptait pas pour ses enfants l'ordre qui avait régné après l'extermination de ses braves sur le champ de bataille de Waterloo.

La France est par excellence le pays de l'honneur : elle ne transige jamais avec la honte. Elle n'aime ni la révolution ni la guerre, mais elle veut l'honneur à tout prix. Elle ne reniera jamais sa gloire, et rejettera tous les gouvernements qui ne sauront pas la comprendre. C'est pour arriver à l'ordre véritable qu'elle a conquis la liberté, et elle repousse avec une énergie égale la licence, qui est la tyrannie des multitudes, et le despotisme, qui est l'anarchie du pouvoir. L'ancien monde et le nouveau sont séparés par un abîme sur lequel la France seule a osé jeter un pont prodigieux et colossal ; sur ce pont elle a planté son drapeau et elle veille. A la tête de ce pont, la Pologne combat et meurt.

Les Bourbons ont voulu refaire l'abîme, la France les a repoussés. En appelant la dynastie d'Orléans, elle espérait être mieux comprise, mais le chef de la famille d'Orléans a laissé croire qu'il séparait l'intérêt de l'honneur, et sa politique d'hésitation ressemblait parfois à la crainte.

Il disait et ne faisait pas ; il promettait et ses promesses restaient sans effet ; il diminuait ainsi l'honneur et affaiblissait la France dont la voix, cessant d'avoir une valeur effective, commençait à ne plus compter pour rien dans le conseil des nations. La France alors déclara que Louis-Philippe ne la représentait plus, et le laissa partir sans le poursuivre ; il n'avait pas démérité d'elle : il n'avait pas su la comprendre.

L'honneur, c'est l'influence morale, et celle-là domine toutes les autres, parce qu'en politique comme en toute chose la force est dans la vérité. Or, la vérité est une et ne saurait jamais être en opposition avec elle-même. Si l'honneur est une vérité et si l'intérêt peut être et doit être également une vérité, sachons bien que quand l'intérêt et l'honneur ne s'accordent pas, cette dissidence n'est qu'apparente, qu'il s'agit d'un faux honneur ou d'un intérêt mal entendu. Le véritable intérêt des nations comme le véritable intérêt des hommes, est la même chose que leur honneur !

Nous pourrions en dire autant de la religion et de la science, qu'on oppose vainement l'une à l'autre, et qui en réalité doivent s'appuyer l'une sur l'autre ; de l'autorité et de la raison, qui perdent toute puissance dès qu'on les sépare pour faire de l'une une autorité sans raison et de

l'autre une raison sans autorité, au lieu de les unir pour
constituer une autorité raisonnable ; du droit et du devoir,
qui n'existent pas l'un sans l'autre ; de la liberté et de
l'ordre public, ces colonnes du temple de la loi ; de la
stabilité et du progrès, ces deux forces analogues à celles
qui font mouvoir la terre, parfaitement distinctes et parfaitement unies dans leur action, pour produire et con-
server la vie universelle. Mais ce qui est inconciliable,
ce qui s'exclut éternellement, c'est le mensonge et la
vérité, l'ordre et le désordre, la civilisation et la barbarie,
la justice et l'oppression, l'être et le néant. Notre lutte
contre la Russie, c'est la guerre du bien contre le mal,
et la France ne peut pas, elle ne doit pas rester étrangère
à cette lutte. Lutte sans haine, de notre part du moins,
lutte des hommes libres contre des esclaves sur lesquels
nous appelons non pas la mort, mais l'affranchissement
et la lumière. Ce n'est pas sans une pitié profonde que
nous voyons se ruer sur nous ces malheureux soldats
poussés par la force brutale qui les opprime ; il nous
semble voir des galériens armés de leurs chaînes mourir
pour la défense et la conservation du bagne !

La barbarie, en effet, n'est pas le crime de la Russie,
c'est son malheur. Poussée par le génie incomplet de
Pierre le Grand à une croissance phénoménale et mala-
dive, elle n'est qu'un gigantesque enfant, déjà flétri par
une précoce décrépitude. Trop peu avancée pour les
lumières de l'Europe civilisée, elle n'a su lui emprunter

que ses vices. Blasée sans avoir vécu, elle ressemble à ces fruits qui se sont pourris sans mûrir. Son empereur, quelque libéral qu'on le suppose, serait impuissant pour galvaniser ce cadavre. Pour lui, l'humanité effective et pratique serait une sorte d'abdication. Alexandre II peut être un homme heureusement doué, il peut avoir, en dépit de son titre, le sentiment inné du bon droit et du progrès, mais l'autocrate de toutes les Russies est forcément le représentant de toutes les injustices et de toutes les oppressions qui se commettent en son nom. L'empereur doit répondre pour l'empire. Or, ce qui entraîne la Russie à notre destruction ce n'est pas la volonté perverse d'un prince, c'est la sombre et invincible fatalité qui pèse sur l'ignorance et sur la corruption. La Russie, c'est le cadavre de l'antique Asie immobilisé et conservé sous les glaces du Nord, puis échauffé tout à coup et putréfié par un soleil factice et malsain. Elle hait la Pologne parce que la Pologne c'est la vie. En vain les rêveurs du panslavisme espéraient donner un cœur à la Russie en lui abandonnant la Pologne à dévorer. L'ours a beau se nourrir de chair humaine, il ne deviendra jamais un homme.

La barbarie, c'est la gangrène du monde; elle est absorbante comme la tombe, envahissante comme le désert. La Pologne enchaînée à la Russie, c'est l'embrassement hideux d'un vivant et d'un mort; c'est le supplice de Mézence. La Russie elle-même ne peut le supporter, car

les palpitations de sa victime gênent la quiétude de sa
tombe. Elle veut supprimer les hommes et garder la
terre. Il lui faut le désert pour s'y étendre à son aise.
Aussi avec quelle sanglante ironie elle offre leur pardon
à ceux qui ont osé se défendre, pourvu qu'ils reviennent
tendre la gorge au couteau ! Et comment pourrait-elle
punir ce qu'elle ose appeler notre rébellion ? Que peut-elle
nous faire de plus affreux que de continuer son œuvre
d'anéantissement ? Soumis ou rebelles, combattants ou
désarmés, il est bien certain qu'elle ne nous tuera
qu'une fois !

Entre l'échafaud pour nous où la Sibérie pour nos
enfants, le choix est trop cruel à faire, il vaut mieux mourir en combattant.

Mais, dira-t-on, les nations déjà se sont émues, l'Europe vous vient en aide : des notes diplomatiques ont été
échangées. Oh ! certainement, nous le savons, et nous
savons aussi que bien d'autres notes non moins diplomatiques peuvent être échangées encore. Les négociations
se prolongent pendant que notre destinée s'abrége. Jusqu'ici les notes des souverains n'ont été que des repré-
sentations amicales adressées à la Russie. Que peut leur
répondre la Russie ? qu'elle leur rend grâces de leur
obligeance, mais qu'ils sont maîtres chez eux et qu'elle
sera maîtresse chez elle ; qu'on peut compter comme par
le passé sur les intentions libérales du czar Alexandre,
mais qu'un gouvernement qui se respecte ne transige pas

avec l'insurrection armée; que les nations, au lieu de la
blâmer, devraient l'aider, et ne peuvent plus être que ses
adversaires ou ses complices. La Russie dira cela et elle
ne peut pas dire autre chose; et à son point de vue elle
aura raison de le dire. Que ferez-vous alors? Vous ferez
quelque chose ou vous ne ferez rien. Mais si vous ne
vouliez rien faire, c'était inutile de parler, et l'opinion ne
prendra pas le change. Si vous voulez faire quelque
chose, comme il est certain qu'on vous répondra demain
ce qu'on vous répond aujourd'hui, ne parlez plus, agis-
sez. On peut se consulter au chevet d'un malade, mais
lorsqu'on entend les cris d'une sœur qu'on viole et qu'on
égorge, on ne délibère plus; on accourt.

Que la France ne s'y trompe pas. Elle est menacée d'une
coalition qu'elle peut prévenir en lui opposant une insur-
montable barrière. L'abandon de la Pologne qui lui est
conseillé par les représentants de ses propres ennemis et
par des écrivains vendus, serait tout à la fois une honte et
une faute. L'Europe croirait qu'elle a eu peur et l'on osé-
rait tout contre elle. Le gouvernement de l'Empereur,
nous le savons, se tient à une égale distance de la témérité
et de la faiblesse, et il a le droit de se faire écouter lorsque
entre Malakoff et Solférino il proclame le principe de
l'inviolabilité des nations. Nous n'avons pas de conseils à
lui donner, mais il nous est permis de l'avertir. Il a déli-
vré l'Italie, il a secouru et peut-être sauvé l'empire otto-
man, il a protégé et vengé les chrétiens en Syrie, il a

repoussé les barbares en Chine, il combat l'injustice au
Mexique, il soutient à Rome la papauté appauvrie et impopu-
laire. Est-ce que tant d'honneur pourrait échouer devant
les misérables difficultés de la question polonaise? En
vérité, nous ne le croyons pas ! Que peut-on faire pour la
Pologne? Tout ou rien, voilà le premier et le dernier mot
de la question. Il faut qu'elle vive ou qu'elle meure. Pour
qu'elle vive, il faut en réunir les membres épars, il faut la
reconstituer telle qu'elle était avant un partage qui ne
laissera jamais l'Europe tranquille, à moins que l'expiation
du crime n'apaise enfin les agitations du remords. Nous
ne voulons pas ici instruire encore une fois ce grand procès.
Des écrivains spéciaux et habiles ont traité la question his-
torique et leur savant travail ne nous laisse plus rien à
désirer. Nous ne répéterons pas ce qu'ils ont dit. Ajou-
tons seulement que jamais les blessures de la Pologne
déchirée n'ont cessé de saigner, et que ses membres coupés
ont toujours tressailli en cherchant à se réunir.

Est-ce qu'on peut changer un pays en déplaçant seulement l'écriteau des frontières? Le vautour à deux têtes a
beau ronger les entrailles de notre patrie, le droit ressemble à Prométhée, il souffre et ne meurt pas. Faites de
la Pologne un désert, la terre même y tremblera sous vos
pieds pour rejeter ses oppresseurs, les tombeaux de nos
pères se soulèveront, et elle sera gardée contre vous par les
fantômes de nos morts. Les nations comme les hommes
ont de grandes âmes immortelles, et le spectre de la Pologne

assassinée planerait toujours sur la Russie comme un ange exterminateur.

Il faut à la Pologne son autonomie indépendante. Il lui faut l'intégrité de son territoire. Il lui faut la liberté de sa religion et de ses foyers. Ce qu'elle demande pour elle, elle le respecte chez les autres. Elle n'impose à personne les croyances qui lui sont les plus chères. Le protestant, le juif, le grec schismatique, ont droit d'adorer Dieu suivant leur conscience. Sans être catholique on peut être citoyen de notre patrie, mais un enfant de la Pologne ne peut et ne doit jamais être autre chose que Polonais.

Et qu'on ne nous dise pas qu'il nous sied mal d'imposer des conditions à ceux dont nous implorons l'assistance, nous qui demain pouvons succomber dans une lutte trop inégale. Plus l'opprimé est faible, plus sa cause est sacrée devant la justice ; la justice ne saurait être rendue à moitié, elle doit être égale pour tous. Ce que nous demandons à la France, c'est qu'elle prête seulement sa force à l'équité de nos réclamations. C'est un jugement que nous lui demandons, jugement déjà prononcé par l'opinion publique, mais qui restera sans effet s'il n'est pas sanctionné par l'adhésion officielle d'un grand pouvoir exécutif. Est-ce que la France ne peut pas faire pour la Pologne ce qu'elle a fait pour l'Italie ? Est-elle affaiblie par ses victoires ? A-t-elle perdu son influence en Europe ? Jamais elle ne fut plus grande. On affecte de lui faire appréhender la mauvaise volonté de l'Angleterre, comme si l'Angleterre pouvait être l'ennemie de la liberté et du progrès. Quel prétexte aurait l'Angleterre d'attaquer la France et de lui barrer le passage? Ce grand peuple britannique aimerait-il les enleveurs d'enfants et les faiseurs d'esclaves? Est-il partisan de l'oppression et de la barbarie? Les Anglais se feront-ils jamais les auxiliaires des cosaques? Ont-ils tant d'intérêt à laisser s'agrandir ce colosse aux pieds d'argile qu'on nomme l'empire de Russie? N'ont-ils pas combattu près des Français en Crimée pour défendre contre le Nord les portes de l'Orient? L'intérêt de l'Autriche même n'est-il pas le rétablissement de la Pologne? Oh! que la France marche vers nous, et le fantôme de la coalition s'évanouit. Les questions de civilisation et de justice intéressent toutes les nations civilisées; et une cause déjà perdue au tribunal de l'humanité ne trouvera pas de champions parmi les représentants des peuples chrétiens. Qu'importent d'ailleurs les obstacles et les difficultés quand il s'agit du devoir et de l'honneur? Un homme qui fait son devoir est plus fort qu'une multitude égarée. Un grand peuple qui fait son devoir doit imposer le respect à tout un monde. Si le premier empire a péri, c'est par la politique des Talleyrand et des Fouché. Il y a toujours quelque chose d'imprévu qui échappe aux calculs des prétendus hommes d'État. Cet imprévu c'est l'enthousiasme ou le mépris populaire; c'est la clameur soudaine de la conscience publique; c'est le sens divin des multitudes.

Il y a un prestige de grandeur qui rend les nations
invincibles. Quand Rome était toute-puissante par les
armes, c'est qu'elle étonnait le monde par ses vertus. Un
citoyen de Rome était alors plus qu'un roi, parce que les
rois d'alors étaient perdus de débauches et de mollesse.
Qu'au siècle d'égoïsme où nous vivons une nation représente dignement et toujours le dévouement et la justice,
les oppresseurs trembleront en l'entendant marcher. Les
ennemis à sa voix abaisseront leurs armes, et tous les
peuples diront en s'inclinant à son approche : Laissez pas-
ser la justice de la France !

Ce que les nations rivales de la France craignent par-
dessus tout, c'est la grandeur de son influence morale;
c'est l'ascendant irrésistible de son enthousiasme et de
son honneur. Si elles pouvaient jamais lui faire com-
mettre une lâcheté, elles seraient rassurées et ne tremble-
raient plus au hasard devant des éventualités incalcu-
lables. La France ne serait plus la Providence des peuples,
ce serait une nation tarée, une nation déchue; on pourrait lui rendre un jour le mal qu'elle aurait laissé faire à
d'autres; elle ne serait plus la reine des puissances, elle
serait devenue leur complice. Que la France admette le
démembrement de la Pologne, et la coalition déjà toute
formée se promettra le partage de la France. La France
se défendrait mal, si elle avait cessé de savoir défendre les
autres.

Dira-t-on que l'Empereur des Français peut s'arrêter

comme à Villafranca devant des obstacles momentané-
ment insurmontables, et qu'il peut craindre encore en
tendant la main à un peuple en insurrection, de donner
des gages dangereux pour lui à la révolution qui peut
menacer sa couronne? L'Empereur ne s'arrêtera pas à
cette objection de mauvaise foi. Il sait trop qu'il est plus
facile de prévenir la révolution que de l'arrêter, et que
pour prévenir les grands soulèvements, il faut en supprimer les causes. C'est en rétablissant l'ordre en Europe
qu'on y rendra le désordre impossible, et l'on ne pactise
jamais plus fatalement avec la révolution qu'en opprimant
ou en laissant opprimer la liberté. La liberté et l'ordre
public sont inséparables désormais dans le programme de
la France qui ne consent à la suspension temporaire de
ses libertés que pour le rétablissement de l'ordre. Elle
obéit lorsqu'on la conduit à la gloire, mais ce qu'elle veut
avant tout pour elle et pour les autres nations, c'est la
justice, sans laquelle il n'est point d'honneur. Tout gouvernement qui ne réalisera point ce programme ne sera
pour elle qu'un gouvernement provisoire. Elle sait qu'un
pouvoir injuste c'est l'anarchie toute-puissante, et elle ne
veut pas l'anarchie. Elle marche sans ses rois lorsque ses
rois ne veulent pas marcher avec elle, et quand la France
marche sans qu'un chef intelligent la guide, toute l'Europe
est ébranlée.

Ce que nous disons ici, l'Empereur le sait bien et il ne
séparera jamais son action de la pensée de la France.

L'homme qui a été assez fort pour s'arrêter dans la vic-
toire ne s'arrêtera pas dans une abstension qui pourrait
devenir plus honteuse qu'une défaite. C'est à lui que le
pays s'en rapporte, et il ne manquera pas à la confiance
du pays. C'est pour cela que nous l'appelons à grands cris
à notre secours et que nous lui disons : Sire, hâtez-vous ;
pendant que vos diplomates délibèrent, nous périssons !

Détruisez les révolutions dans leur principe. Les révolutions sont les convulsions et les fièvres du corps social.
Otez le principe morbide et elles ne se produiront pas.
L'Europe s'agite parce que la barbarie l'empoisonne.
Repoussez cette peste en Asie. Les peuples ne veulent pas
des révolutions, ils les subissent pour arriver à l'ordre,
car c'est le désordre qui les enfante. On peut conspirer
contre la justice, mais un peuple entier ne se soulève jamais
que pour elle. Consultez l'histoire et voyez comment tombent les empires. C'est l'anarchie des princes qui les perd,
et ceux-là seuls ne sont pas respectés des peuples qui
n'ont pas respecté les lois. Une heure arrive que la politique ne prévoit jamais, où l'indignation d'un seul homme
soulève une multitude. Tarquin n'a pas prévu le suicide
de Lucrèce, Appius a compté sans le couteau de Virginius.
Le despotisme mahométan s'inquiète peu des prédications
de Pierre l'Ermite. Toujours les diplomates sont pris au
dépourvu par l'enthousiasme et l'héroïsme; ils ne
comptent que sur les lâchetés. Le plus terrible des
révolutionnaires c'est Machiavel, et la vraie politique

contre-révolutionnaire c'est la politique de la justice et de l'honneur. L'habileté suprême c'est l'honnêteté absolue. Archimède demandait un point d'appui pour ébranler le monde, mais il en existe un pour empêcher que le monde ne soit ébranlé, et ce point d'appui c'est la justice!

C'est pour la justice que souffraient et mouraient les martyrs, ces pacifiques révolutionnaires qui minaient lentement la vieille société romaine et qui l'ont fait descendre et s'abîmer dans le gouffre des catacombes. C'est au nom de la justice qu'un pape opposant la croix du Sauveur au glaive barbare d'Attila, opéra dans le cœur de ce conquérant sauvage la révolution de la conscience et sauva la ville éternelle. C'est comme représentant de la justice que saint Louis dans les fers dictait des conditions aux émirs tout couverts du sang de leur maître. C'est la justice qui, après avoir fait expier à Louis XVI les vices et l'orgueil de ses prédécesseurs, a fait tomber les girondins, bourreaux de Louis XVI, sous la hache des montagnards, et bientôt les montagnards eux-mêmes sous le couteau des thermidoriens. C'est la justice qui a couronné Bonaparte, c'est la justice qui l'a renversé lorsqu'il a semblé méconnaître la liberté qui était sa mère. C'est la justice qui a successivement envoyé en exil les Bourbons complices du congrès de Vienne, et Louis-Philippe qui avait oublié ses promesses à la Pologne. C'est la justice enfin qui appelle aujourd'hui Napoléon III à l'honneur d'accomplir ce que son prédécesseur a promis vainement au nom de la France.

Sire, en vous élevant au pouvoir vous avez dit que l'empire c'est la paix, et depuis, votre modération a prouvé que vous ne vouliez pas la guerre ; vous l'avez faite pourtant quand l'honneur de la France l'a voulu, et la France qui elle aussi veut la paix vous a suivi avec enthousiasme. Rappelez-vous ce jour où vous partiez pour l'Italie. Quels vœux, quelles acclamations, quel concours immense de chaleureuses sympathies ! Vous pouviez ce jour-là écarter vos gardes et dire à votre armée : Laissez mon peuple s'approcher de moi! Toutes les mains se tendaient vers vous, tous les cœurs battaient d'espérance, les mères n'osaient pas montrer de larmes et vous applaudissaient en voyant partir leurs enfants. Toute la France avait pour vous de l'argent, des cœurs et des bras. Vous renouvelâtes ce jour-là pour longtemps le contrat de l'empire. La campagne d'Italie fut une course à travers d'éclatantes victoires ; à Milan une proclamation qui fera époque dans les annales du monde prouva que votre cœur était bien celui de la France et engagea l'avenir à votre dynastie. Depuis, bien des difficultés se sont élevées, bien des actes de votre haute politique ont pu être mal interprétés et mal compris. Un parti trop influent encore et qu'on pourrait appeler dans ses révoltes contre vous le parti de l'ingratitude, s'est efforcé de semer la défiance et la désaffection. Les princes déchus ont des partisans qui s'agitent, les fauteurs d'anarchie voudraient persuader au peuple que vous n'aimez pas la liberté. Eh bien ! sire, montez seulement à cheval et tournez-vous vers la Pologne. Jamais souverain d'un grand peuple n'aura vu un concours pareil, n'aura joui d'un si magnifique triomphe. Les populations émues se presseront autour de vous et vous porteront sur leurs bras jusqu'aux frontières. Ce jour-là vous n'aurez plus d'ennemis et tous les partis se réuniront pour vous admirer et pour vous bénir. Le clergé verra en vous le vengeur des martyrs catholiques; les démocrates salue- ront en vous le défenseur d'un peuple opprimé; les con- servateurs comprendront qu'en prenant la défense du droit vous affermissez le devoir, parce qu'il n'y a pas d'ordre possible dans un monde où les lois de l'humanité sont impu- nément violées. Allez donc, sire, où votre haute dignité et votre conscience vous appellent, et vous aurez contracté avec la France une alliance définitive, et vous aurez avec la sympathie ou du moins le respect de toute l'Europe, reçu une seconde fois pour votre règne et celui de votre dynastie, la sanction du suffrage universel.

FIN

Paris.— Imprimerie de E. MARTINET, rue Mignon, 2.